Wolfgang Link

Low-Carb in 15 Minuten

40 »leichte« Schnellrezepte zum Genießen

Inhalt

Rezepte

Schnelle gesunde Küche mit wenig Kohlenhydraten statt Fast Food und Fertiggerichten

Was geschieht in unserem Körper, wenn wir Kohlenhydrate essen?

Nehmen wir über Lebensmittel wie z. B. Weißbrot Kohlenhydrate auf, dann steigt daraufhin unser Blutzuckerspiegel an. Erhöhte Blutzuckerwerte locken das Hormon Insulin aus der Bauchspeicheldrüse, welches für die Verstoffwechslung der Kohlenhydrate benötigt wird. Durch die Insulinwirkung kann der Blutzuckerspiegel anschließend wieder auf das Ausgangsniveau herabgesenkt werden.

Das Tückische am Insulin ist nun aber, dass es wie ein Masthormon wirkt und unsere Fettpolster wachsen lässt. So hemmt ein hoher Insulinspiegel nicht nur die Fettverbrennung, sondern fördert zugleich auch die Fetteinlagerung. Das Auf-und-Ab des Blutzuckers nach einer kohlenhydratreichen Mahlzeit bewirkt darüber hinaus auch, dass das Sättigungsgefühl nicht lange anhält und wir recht bald wieder Appetit verspüren, der mitunter in einer richtigen Heißhungerattacke gipfeln kann. Das Risiko ist hoch, dass dabei viele unnötige Kalorien in Form von Süßigkeiten oder anderen kohlenhydrat- und fettreichen Snacks wie z. B. Käsebrötchen aufgenommen werden und auf diese Weise ebenfalls die Entstehung von Übergewicht begünstigen. Starke Schwankungen des Blutzuckerspiegels sind dann besonders ausgeprägt zu beobachten, wenn wir sogenannte »schnelle Kohlenhydrate« zu uns nehmen, die den Blutzucker- und Insulinspiegel besonders rasant in die Höhe treiben. Zu diesen gehören u. a. Weißmehlprodukte wie Weißbrot, Baguette, Plunder, süße Teilchen oder Süßigkeiten.

»Langsame Kohlenhydratlieferanten« haben hingegen zusätzlich einen erhöhten Anteil an Ballaststoffen, welche die Verdauung der Kohlenhydrate verzögern, sodass sie erst nach und nach ins Blut gelangen und einen langsamen Anstieg des Blutzucker- und damit auch des Insulinspiegels erzeugen. Wenn Sie daher kohlenhydratreiche Lebensmittel verzehren wollen, empfiehlt es sich immer, die Vollkornvariante wie z. B. Vollkornreis, -nudeln, -brot und -brötchen zu bevorzugen.

Es kommt aber nicht nur auf die Qualität der Kohlenhydrate an, auch die täglich verzehrte Gesamtkohlenhydratmenge ist von entscheidender Bedeutung. Die ballaststoffreichen Kohlenhydratlieferanten lassen zwar unseren Blutzucker langsamer ansteigen, es ist aus gesundheitlicher Sicht aber dennoch nicht sinnvoll, deshalb mehrmals am Tag reichlich Vollkornprodukte in die Mahlzeiten einzubauen, da für die Verstoffwechslung der Kohlenhydrate trotzdem eine entsprechende Menge Insulin notwendig ist. Und die nachteiligen Auswirkungen eines ständig erhöhten Insulinspiegels kennen Sie bereits.

Was passiert eigentlich, wenn wir mehr Kohlenhydrate zu uns nehmen, als wir z. B. durch sportliche Betätigung verbrennen? Ganz einfach: Da Kohlenhydrate nur sehr begrenzt in Form von Glykogen in den Muskeln und in der Leber gespeichert werden können, werden überschüssige Kohlenhydrate in eine andere Speicherform, und zwar in Fett, umgewandelt.

FAZIT: **Zu viele und falsche Kohlenhydrate machen dick! Deshalb Low-Carb!**

Low-Carb → LOGI

Es gibt viele verschiedene Ansätze einer Low-Carb-Ernährung. Die LOGI-Methode ist dabei eine vielfach erprobte, wissenschaftlich fundierte und moderate Form von Low-Carb, bei der nicht nur die Gesundheit nachweislich profitiert, sondern die zudem auch noch alltagstauglich, abwechslungsreich und schmackhaft ist. Je nach Gesundheitszustand und körperlicher Aktivität können etwa 80 bis 130 Gramm Kohlenhydrate täglich gegessen werden. Im Gegenzug muss beim Geschmacksträger Fett nicht gespart werden. Ganz praktisch heißt das, dass auch ein bis zwei Scheiben Brot, zwei bis drei kleine Kartoffeln, ein paar Nudeln als Beilage oder auch mal ein Stückchen Schokolade in die LOGI-Kost passen.

Die Basis der LOGI-Ernährung sind jedoch kalorienarme, wasser- und ballaststoffreiche Lebensmittel wie Gemüse, Salate und Pilze, die mit hochwertigen Fetten und Ölen angemacht und zubereitet werden. Beim Obst werden zuckerarme Beeren sowie fettreiche Avocados, Nüsse und Saaten empfohlen. Ebenso wichtig sind eiweißreiche Sattmacher wie Eier, Fisch, Milchprodukte, Hülsenfrüchte, Fleisch und Käse. Eine Ernährung nach der LOGI-Methode ist also nicht nur kohlenhydratärmer als die übliche Nahrung, sie enthält dafür mehr Eiweiß und gesunde Fette – und natürlich reichlich Vitamine, Mineral- und Ballaststoffe. LOGI hält die Blutzucker- und damit auch die Insulinkurve niedrig und gewährleistet so gemeinsam mit den eiweiß-, wasser- und ballaststoffreichen Lebensmitteln eine lang anhaltende Sättigung. Aufgrund des geringen Insulinbedarfs wird die Fettverbrennung gefördert und die Fettspeicherung gehemmt. LOGI eignet sich daher nicht nur bestens zur Gewichtskontrolle, sondern ist auch die ideale Ernährungsform für Patienten mit Stoffwechselstörungen wie Typ-2-Diabetes, metabolischem Syndrom und erhöhten Blutfetten, aber auch für Normalgewichtige, die sich einfach nur gesund ernähren wollen.

Gesund und schlank mit LOGI

Die Abkürzung LOGI (engl: LOw Glycemic and Insulinemic Diet) steht für eine Ernährung, die große Schwankungen des Blutzucker- und Insulinspiegels verhindert.

So unterstützt sie den Stoffwechsel, anstatt gegen ihn zu arbeiten, wie es bei einer ungesunden Ernährung der Fall ist. Gesundbleiben und Abnehmen mit LOGI ist abwechslungsreich, macht Spaß und schmeckt. Die LOGI-Pyramide hilft bei der Mahlzeitengestaltung.

Selten: Verarbeitetes Getreide (Weißmehl), Süßigkeiten

Wenig: Vollkornprodukte, Kartoffeln, Nudeln und Reis

Häufig: Milchprodukte, Eier, mageres Fleisch, Fisch, Nüsse und Hülsenfrüchte

Oft: Stärkefreies Gemüse (zubereitet mit Öl/Butter) und Obst

© WavebreakMediaMicro - Fotolia.com

Schluss mit Instantsuppe und Tiefkühlmampf!

Low-Carb in 15 Minuten

»Oh, nein!« schon wieder keine Zeit zum Kochen! Jeder kennt das und wird sich in der einen oder anderen Situation sicherlich wiedererkennen: Man kommt nach einem harten langen Arbeitstag nach Hause und will einfach nur die Beine hochlegen. Etwas Gesundes zu essen gab es heute noch nicht, man hat sich stattdessen mit schnellen Snacks über Wasser gehalten. Eigentlich wäre es nun dringend an der Zeit, für sein verdientes leibliches Wohl zu sorgen. Aber jetzt noch lange in der Küche rumstehen und kochen?

Auch eine Mutter als vielseitig beanspruchte Familienmanagerin wird ein Lied davon singen können: Mittags kaum von der Arbeit zu Hause, kommen auch schon die Kinder von der Schule und fordern ihre ganze Aufmerksamkeit: Hausaufgabenbetreuung, Kinder zum Sport bringen und nebenbei muss auch noch der Haushalt erledigt werden. Eigentlich weiß sie nicht, wo ihr der Kopf steht, aber irgendwann dazwischen möchte man auch noch eine gesunde und leckere Mahlzeit für seine Familie zubereiten.

Trotz guter Vorsätze fehlt es vielen im hektischen Alltag an der vermeintlich notwendigen Zeit für eine ausgewogene, gesunde Ernährung und ausgiebiges Kochen. Deshalb greift der ein oder andere, wenn es dann schnell gehen muss, »notgedrungen« auf Fast Food bzw. schnell zubereitete Gerichte zurück und Tütensuppen, Mikro-

wellengerichte, Tiefkühlpizza oder die Nudeln mit Sauce aus dem Glas landen auf dem Teller. Diese Lebensmittel sind meistens nicht nur keine geschmackliche Offenbarung, sondern langfristig auch gesundheitlich bedenklich, da sie neben künstlichen Zusatzstoffen vor allem auch reichlich Stärke bzw. Zucker enthalten und damit die Kohlenhydratfalle zuschnappen lassen.

Dieser Ratgeber beweist Ihnen, dass ein schmackhaftes und ausgewogenes 15-Minuten-Low-Carb-Gericht die beste Alternative zur zeitdruckgeschuldeten ungesunden Mahlzeit ist. Von jetzt ab heißt es Schluss mit Fertigsuppe und Tiefkühlmampf und es gibt keine Ausrede mehr für »schlechtes« Essen! Köstliche Low-Carb-Gerichte können nun auch in einem knappen Viertelstündchen genussfertig auf dem Tisch stehen und ermöglichen Ihnen auf diese Weise eine gesundheitsförderliche Ernährung trotz Eile und Zeitnot. Wenn Sie darüber hinaus Ihre Einkäufe richtig organisieren und einige Tipps aus dem Buch beherzigen, werden Sie erleichtert feststellen, dass gesund und lecker zu kochen eigentlich schneller geht, als sich mal eben rasch die üblichen »Dickmacher« warm zu machen.

Guten Morgen Powercocktail

FÜR 4 PERSONEN

- 1 Bund frischer Kerbel
- 2 Salatgurken
- 500 ml Tomatensaft
- 300 ml Möhrensaft
- 2 EL Olivenöl
- Tabasco und Salz nach Geschmack

1 Portion (435 g): 115 kcal, 3 g Eiweiß (12 E%), 6 g Fett (45 E%), 12 g Kohlenhydrate (43 E%)

01 Kerbel waschen, trocken schütteln, einige Kerbelzweige zum Garnieren beiseitelegen und den Rest zupfen und fein hacken.

02 Gurken schälen, putzen und in grobe Stücke schneiden. Einige dickere Scheiben ebenfalls zum Garnieren beiseitelegen.

03 Gurkenstücke, Kerbel, Tomaten- und Möhrensaft sowie Olivenöl zusammen in ein hohes Gefäß geben und mit dem Stabmixer pürieren.

04 Den Cocktail mit Tabasco und Salz würzen und auf 4 Gläser verteilen. Mit Kerbel und Gurkenscheiben garnieren und servieren.

CLEVER & ZEITSPAREND KOCHEN: Verwenden Sie einen Stabmixer anstelle eines Mixers, um die anschließenden Säuberungsarbeiten so gering wie möglich zu halten.

Himbeer-Papaya-Shake

FÜR 4 PERSONEN

- 400 g Himbeeren
- 2 Papayas
- ½ Bund frische Minze
- 300 g Joghurt (3,5 % Fett)
- 300 ml Milch (3,5 % Fett)
- 2 EL Honig

1 Portion (465 g): 230 kcal, 8 g Eiweiß (15 E%), 6 g Fett (24 E%), 34 g Kohlenhydrate (61 E%)

01 Himbeeren waschen. Papayas schälen, entkernen und grob würfeln. Minze waschen und die Blätter von den Stielen befreien.

02 Joghurt, Milch, Himbeeren, Papaya, die Hälfte der Minze und den Honig mit einem Stabmixer pürieren.

03 Den Shake in 4 Gläser füllen, mit der restlichen Minze garnieren und servieren.

CLEVER & ZEITSPAREND KOCHEN:
Schneiden Sie die Zutaten immer nur so klein wie nötig, denn werden diese wie bei einem Shake anschließend püriert, ist fein schneiden unnötig.

Frühstücksomelett mit Schnittlauch

FÜR 4 PERSONEN

- 3 Zwiebeln
- 3 rote Paprika
- ½ Bund frischer Schnittlauch
- 150 g Kochschinken (ca. 6 Scheiben)
- 150 g Emmentaler (ca. 6 Scheiben)
- 12 Eier (Größe M)
- 4 TL Butter
- Salz und Pfeffer nach Geschmack

1 Portion (400 g): 530 kcal, 44 g Eiweiß (34 E%), 34 g Fett (57 E%), 11 g Kohlenhydrate (9 E%)

01 Für das Omelett die Zwiebeln schälen und in feine Würfel schneiden. Paprika halbieren, Kerngehäuse entfernen, waschen und in feine kleine Würfel schneiden. Schnittlauch waschen, trocken schütteln und in Röllchen schneiden. Kochschinken und Emmentaler in dünne Streifen schneiden.

02 Für ein Omelett jeweils drei Eier in einem Glas aufschlagen und mit einer Gabel gut verquirlen.

03 1 TL Butter pro Omelett in einer beschichteten Pfanne erwärmen und die Eier hinzufügen. Diese bei mittlerer Temperatur braten, bis die Eiermasse leicht stockt.

04 Nun ein Viertel der Zwiebel- und Paprikawürfel, der Schnittlauchröllchen, des Schinkens und des Käses zugeben und weitere 2–3 Minuten fertig garen. Das Omelett anschließend in der Pfanne zuklappen.

05 Das Omelett auf vier Tellern anrichten, mit Salz und Pfeffer würzen und anschließend servieren.

CLEVER & ZEITSPAREND EINKAUFEN:
Legen Sie sich einen Low-Carb-Lebensmittelvorrat an! Zum Beispiel aus Erbsen und Brokkoli für den Gefrierschrank oder auch Eiern und Oliven (in Lake) für ein leckeres Gemüseomelett. So tappen Sie, auch wenn es mal schnell gehen soll, nicht in die Kohlenhydratfalle.

Honigquark mit Mandeln

FÜR 4 PERSONEN

- 500 g Magerquark
- 200 ml Milch (3,5 % Fett)
- 1 EL Honig
- 1 Vanilleschote
- 100 g Mandeln (gehobelt)
- 400 g Blaubeeren
- 1 Limette

1 Portion (335 g): 340 kcal, 27 g Eiweiß (32 E%), 17 g Fett (45 E%), 19 g Kohlenhydrate (23 E%)

01 Den Quark mit Milch und 1 EL Honig cremig rühren. Die Vanille aus der Schote schaben und unter die Quarkmasse rühren.

02 Mandeln in einer Pfanne ohne Fett goldbraun anrösten.

03 Blaubeeren waschen. Die Limette von der Schale befreien und anschließend in 8 Scheiben schneiden. Den restlichen Honig in einer Pfanne erhitzen und die Limettenscheiben darin ca. 1–2 Minuten wenden und überziehen.

04 Die Quarkcreme in Schälchen geben, die Limettenscheiben darauflegen, die Blaubeeren sowie die Mandelblättchen darüberstreuen und servieren.

CLEVER & ZEITSPAREND VORBEREITEN: Achten Sie bei der Zubereitung der Gerichte darauf, so wenig Kochgeschirr wie möglich zu verwenden. In diesem Rezept könnten Sie beispielsweise die Pfanne, die Sie für Mandeln verwenden, im Anschluss für die Limettenscheiben nehmen, um danach zusätzliche Säuberungsarbeiten zu vermeiden.

Erdbeer-Granatapfel-Salat mit gerösteten Pistazien

FÜR 4 PERSONEN

- 2 Granatäpfel
- 600 g Erdbeeren
- 1 Bund frische Minze
- 150 g Mascarpone
- 1 EL Grenadine
- 100 g Pistazien (ungesalzen)
- Saft einer ½ Zitrone

1 Portion (380 g): 465 kcal, 9 g Eiweiß (8 E%), 30 g Fett (58 E%), 39 g Kohlenhydrate (34 E%)

01 Granatäpfel quer halbieren und die Kerne auslösen. Erdbeeren waschen, trocknen und vierteln.

02 Minze waschen, Blätter abzupfen und diese fein hacken. Mascarpone und Grenadine mit der gehackten Minze verrühren.

03 Eine Pfanne erhitzen und die Pistazien darin ca. 2–3 Minuten ohne Fett rösten.

04 Granatapfelkerne und Erdbeeren mit dem Zitronensaft vermischen.

05 Den Erdbeer-Granatapfel-Salat mit der Mascarponecreme in einer Schale anrichten, die Pistazien darüberstreuen und servieren.

CLEVER & ZEITSPAREND EINKAUFEN:
Planen Sie feste Wochentage zum Einkaufen ein, um unnötiges und zeitaufwendiges »Mehrfacheinkaufen« zu vermeiden. Oder Sie bestellen in einem Low-Carb-Onlineshop.

Bunte Gemüsefrittata

FÜR 4 PERSONEN

- 6 Schalotten
- 2 Knoblauchzehen
- 3 EL Rapsöl
- 2 Stangen Staudensellerie
- 2 Stangen Lauch (Porree)
- 3 Paprika (rot, grün)
- 12 Eier (Größe L)
- 100 ml Milch (1,5 % Fett)
- 2 EL gehackte Petersilie
- Muskat, Salz und Pfeffer nach Geschmack

1 Portion (440 g): 385 kcal, 26 g Eiweiß (27 E%), 25 g Fett (59 E%), 14 g Kohlenhydrate (14 E%)

01 Schalotten und Knoblauch schälen und fein hacken.

02 Öl in einer Pfanne erhitzen und die Schalotten- und Knoblauchstückchen darin ca. 1–2 Minuten glasig anbraten.

03 Zwischenzeitlich den Sellerie und Lauch putzen, waschen und in 1 cm dicke Ringe schneiden. Die Paprika halbieren, entkernen, waschen und grob würfeln. Sellerie, Lauch und Paprika zu den Schalotten geben und ca. 4 Minuten mitgaren. Mit Muskat, Salz und Pfeffer würzen.

04 Währenddessen die Eier mit der Milch und der Petersilie verquirlen und unter die Gemüsemischung in der Pfanne rühren.

05 Die Eier-Gemüse-Mischung ca. 3–4 Minuten stocken lassen und goldbraun braten. Anschließend wenden und weitere 3–4 Minuten braten.

06 Die Fritatta in 4 gleichgroße Stücke teilen und servieren.

CLEVER & ZEITSPAREND EINKAUFEN:
Achten Sie beim Einkaufen von erdbehafteten Lebensmitteln wie Lauch oder Sellerie darauf, dass sich die Verschmutzung in Grenzen hält, um sich so zusätzliche Reinigungsarbeiten zu ersparen.

Römersalat mit gebratenem Tofumix

FÜR 4 PERSONEN

- 400 g Tofu (natur)
- 100 g schwarze Oliven (entsteint)
- 100 g getrocknete Tomaten (in Öl)
- 200 g Sojasprossen
- 100 g Walnüsse (ohne Schale)
- 2 EL Rapsöl
- 6 Köpfe Römersalat
- 1 EL Sojasauce
- 1 EL Aceto balsamico (dunkel)
- ½ Bund frischer Kerbel
- Currypulver, Salz und Pfeffer nach Geschmack

1 Portion (490 g): 455 kcal, 22 g Eiweiß (20 E%), 35 g Fett (67 E%), 15 g Kohlenhydrate (13 E%)

01 Tofu in 1 cm große Würfel schneiden. Oliven abtropfen lassen und vierteln. Tomaten abtropfen lassen und in feine Streifen schneiden. Sojasprossen kurz unter fließendem Wasser abspülen.

02 Eine beschichtete Pfanne erhitzen, die Walnüsse darin ca. 1 Minute ohne Fett anrösten und danach aus der Pfanne nehmen.

03 Anschließend Öl in die heiße Pfanne geben, den Tofu ca. 1–2 Minuten scharf anbraten und mit Curry, Salz und Pfeffer würzen. Sojasprossen, Oliven und Tomaten dazugeben und weitere 4–5 Minuten braten.

04 Zwischenzeitlich den Römersalat in Blätter teilen. Diese waschen, abtropfen lassen und auf den Serviertellern auslegen.

05 Den Tofumix mit der Sojasauce und dem Balsamicoessig abschmecken und auf dem Römersalat verteilen.

06 Den Kerbel waschen, zupfen und zusammen mit den Walnusskernen über den Tofu streuen.

CLEVER & ZEITSPAREND EINKAUFEN:
Sie können sich den Kerbel gerne in Form einer Topfpflanze (entspricht ca. 2 Bund) anschaffen, da er eine schmackhafte Zutat in mehreren Rezepten in diesem Ratgeber ist und Sie somit nicht jedes Mal aufs Neue einen frischen Bund kaufen brauchen.

Erbsensüppchen mit Kräutern und Schmand

FÜR 4 PERSONEN

- 500 ml Gemüsebrühe
- 50 g Butter
- 500 g Erbsen (tiefgekühlt)
- 200 ml Wasser
- 300 ml Sahne
- ½ Bund frische Petersilie
- 4 EL Schmand
- Muskat, Salz und Pfeffer nach Geschmack

1 Portion (405 g): 475 kcal, 12 g Eiweiß (10 E%), 39 g Fett (73 E%), 20 g Kohlenhydrate (17 E%)

01 Gemüsebrühe und Butter in einen großen Topf geben und aufkochen lassen. Die Erbsen hinzufügen und etwa 5 Minuten köcheln lassen. Die Zutaten anschließend mit einem Stabmixer pürieren.

02 Das Wasser zusammen mit der Sahne in das Erbsenpüree einrühren, weitere 5 Minuten köcheln lassen und mit Muskat, Salz und Pfeffer abschmecken.

03 Die Petersilie waschen, trocken schütteln, fein hacken und unter die Suppe rühren.

04 Die Suppe zum Servieren in tiefe Teller geben und jeweils mit einem Klecks Schmand dekorieren.

Exotische Curry-Zwiebel-Suppe

FÜR 4 PERSONEN

- 8 große Gemüsezwiebeln
- 4 EL Walnussöl
- 500 ml Geflügelbrühe
- 3 EL Worcestersauce
- 200 ml Kokosmilch (ungesüßt)
- 1 Stängel Zitronengras
- 2 EL Currypaste
- 8 Frühlingszwiebeln
- Salz und Pfeffer nach Geschmack

1 Portion (400 g): 250 kcal, 9 g Eiweiß (15 E%), 17 g Fett (60 E%), 16 g Kohlenhydrate (25 E%)

01 Zwiebeln schälen, halbieren und in feine Halbmonde schneiden. Walnussöl in einem Topf erhitzen und die Zwiebeln darin ca. 2–3 Minuten glasig dünsten.

02 Die Zwiebeln mit der Geflügelbrühe angießen und die Worcestersauce sowie die Kokosmilch einrühren.

03 Das Zitronengras waschen, trocknen, den weißen Teil fein hacken und in die Suppe geben. Diese bei geringer Hitze weitere 8 Minuten köcheln lassen. Die Suppe anschließend mit der Currypaste, Salz und Pfeffer würzen. Frühlingszwiebeln waschen und in feine Ringe schneiden.

04 Die Suppe in tiefe Teller füllen, die Frühlingszwiebeln darüberstreuen und servieren.

Joghurt-Spinat-Suppe mit Walnüssen

FÜR 4 PERSONEN

- 3 Stangen Lauch (Porree)
- 4 EL Butterschmalz
- 500 g frischer Blattspinat
- ½ Bund frische Minze
- ½ Bund frischer Koriander
- 500 ml Rindfleischbrühe
- 150 g Walnüsse (gehackt, ohne Schale)
- 300 g Joghurt (1,5 % Fett)
- frisch geriebene Muskatnuss, Salz und Pfeffer nach Geschmack

1 Portion (465 g): 450 kcal, 16 g Eiweiß (14 E%), 38 g Fett (77 E%), 10 g Kohlenhydrate (9 E%)

01 Lauch putzen, waschen und in dünne Ringe schneiden. Butterschmalz in einem Topf erhitzen und die Lauchringe darin ca. 1–2 Minuten glasig anschwitzen.

02 Spinat, Minze und Koriander waschen, entstielen, grob hacken und anschließend zum Lauch geben. Das Ganze weitere 5–6 Minuten dünsten.

03 Das Gemüse mit der Rindfleischbrühe ablöschen und mit Muskat, Salz und Pfeffer abschmecken.

04 Die Suppe bei geringer Hitze in etwa 5 Minuten fertig garen und mit einem Stabmixer pürieren.

05 Die Walnüsse in einer Pfanne ohne Fett ca. 1 Minute anrösten.

06 Die Suppe zum Servieren in tiefe Teller geben und jeweils mit einem großen Klecks Joghurt sowie den Walnüssen dekorieren.

CLEVER & ZEITSPAREND EINKAUFEN:
Sie können Zeit sparen, indem Sie kochfertiges Tiefkühlgemüse wie z. B. Möhren oder Erbsen verwenden. Auch Nüsse in gehackter oder gehobelter Form sind besonders gut geeignet, wenn es schnell gehen soll.

Wirsing-Bohnen-Topf mit Frischkäse

FÜR 4 PERSONEN

- 2 Zwiebeln
- 4 Möhren
- 2 EL Rapsöl
- 600 g Wirsing
- 200 g Kidneybohnen (Dose)
- 500 ml Gemüsebrühe
- 1 EL Speisestärke
- 2 EL Wasser
- 150 g Frischkäse (Doppelrahmstufe)
- Salz und Pfeffer nach Geschmack

1 Portion (470 g): 305 kcal, 14 g Eiweiß (19 E%), 18 g Fett (53 E%), 22 g Kohlenhydrate (28 E%)

01 Zwiebeln schälen und in feine Würfel schneiden. Möhren ebenfalls schälen und in feine Scheiben schneiden. Öl in einem Topf erhitzen und die Zwiebeln und Möhren darin ca. 1–2 Minuten andünsten.

02 Wirsing putzen, waschen, vom harten Strunk befreien und in feine Streifen schneiden. Die Wirsingstreifen anschließend zu den Zwiebel- und Möhrenstückchen geben.

03 Kidneybohnen abtropfen lassen und ebenfalls in den Topf geben. Die Zutaten mit der Gemüsebrühe angießen und in etwa 6–8 Minuten fertig garen.

04 Die Speisestärke im Wasser lösen.

05 Den Wirsing-Bohnen-Topf mit Salz und Pfeffer würzen und die gelöste Speisestärke einrühren. Das Ganze kurz aufkochen lassen und anschließend in tiefen Tellern anrichten.

06 Den Frischkäse als Topping auf die Wirsing-Bohnen-Suppe geben und servieren.

CLEVER & ZEITSPAREND EINKAUFEN:
Zur Erweiterung Ihres Low-Carb-Lebensmittelvorrates sind auch Konserven wie z. B. Kidneybohnen in der Dose oder getrocknete Tomaten im Glas hervorragend geeignet.

Gefüllte Champignons auf Chinakohlsalat

FÜR 4 PERSONEN

- 400 g frischer Spinat
- 1 Knoblauchzehe
- 20 große Champignons
- 2 EL Olivenöl
- 150 g Parmesan
- 200 g Kräuterfrischkäse (Rahmstufe)
- 2 Eier (Größe L)
- 2 Chinakohl
- 100 g Joghurt (1,5 % Fett)
- Muskat, Salz und Pfeffer nach Geschmack

1 Portion (545 g): 415 kcal, 30 g Eiweiß (30 E%), 29 g Fett (63 E%), 7 g Kohlenhydrate (7 E%)

01 Spinat waschen, abtropfen lassen und entstielen. Knoblauch schälen und fein würfeln. Die Champignons kurz unter fließendem Wasser abbrausen, entstielen und die Stiele fein hacken. Die Champignonköpfe beiseitelegen.

02 Backofen auf 180° Umluft vorheizen.

03 Öl in einer Pfanne erhitzen und den Spinat mit dem Knoblauch und den gehackten Champignonstielen ca. 2–3 Minuten anbraten. Die Spinatmischung beiseitestellen.

04 Den Parmesan hobeln.

05 Den Frischkäse zusammen mit den Eiern und der Hälfte des Parmesans unter die Spinatmischung mengen und mit Muskat, Salz und Pfeffer würzen.

06 Die Champignonköpfe mit der Masse befüllen und anschließend mit dem restlichen Parmesan bestreuen.

07 Die gefüllten Champignons in eine Auflaufform setzen und im Ofen (Mitte) ca. 7–8 Minuten backen.

08 In der Zwischenzeit den Chinakohl waschen und in feine Streifen schneiden. Den Joghurt unter die Chinakohlstreifen heben und mit Salz und Pfeffer würzen.

09 Die Champignons auf dem Chinakohlsalat anrichten und servieren.

CLEVER & ZEITSPAREND VORBEREITEN: Um sich unnötiges Suchen während des Kochens zu ersparen, ist es sinnvoll, wenn Kochutensilien wie z. B. Töpfe, Schneidbretter und Messer immer einen festen Aufbewahrungsplatz in der Küche haben.

Gebackene Zucchinikrusteln

FÜR 4 PERSONEN

- 500 g Tomaten
- 3 Zwiebeln
- 2 Knoblauchzehen
- 80 g Tomatenmark
- 2 g Oregano (getrocknet)
- 2 g Thymian (getrocknet)
- 100 g Bergkäse
- 125 g Büffelmozzarella
- 100 g Haselnüsse (gemahlen)
- ½ Bund frische Blattpetersilie
- 600 g Zucchini
- Paprikapulver, Salz und Pfeffer nach Geschmack

1 Portion (410 g): 420 kcal, 22 g Eiweiß (21 E%), 32 g Fett (67 E%), 12 g Kohlenhydrate (12 E%)

01 Backofen auf 180° Umluft vorheizen.

02 Tomaten waschen, halbieren, vom Strunk befreien und in 2 cm große Würfel schneiden. Zwiebeln und Knoblauch schälen und in feine Würfel schneiden. Tomaten, Zwiebeln, Knoblauch, Tomatenmark, Oregano und Thymian vermengen und in eine Auflaufform geben.

03 Bergkäse reiben, Büffelmozzarella fein würfeln und beide Käse mit den Haselnüssen vermengen.

04 Petersilie waschen, von den Stielen befreien und fein hacken. Die Petersilie zusammen mit Paprika, Salz und Pfeffer zum Käse geben und vermischen.

05 Die Zucchini waschen, die Enden entfernen und in ca. 2 cm dicke Scheiben schneiden. Die Zucchinischeiben mit der Käse-Haselnuss-Masse bestreichen und in die Auflaufform auf die Tomatenmischung setzen.

06 Die Zucchinikrusteln im Ofen (Mitte) ca. 8–10 Minuten backen, anschließend auf Tellern anrichten und servieren.

Grüner Spargel im Schinkenspeckmantel

FÜR 4 PERSONEN

- 3 Eier (Größe L)
- 150 g getrocknete Tomaten (ohne Öl)
- 2 Zwiebeln
- 1 Bund frischer Schnittlauch
- 1,5 kg frischer grüner Spargel
- 4 EL Spargelkochwasser
- 60 g Walnüsse (ohne Schale)
- 5 EL Rapsöl
- 1 EL Aceto balsamico (hell)
- 250 g Schinkenspeck (in Scheiben)
- Salz und Pfeffer nach Geschmack

1 Portion (575 g): 475 kcal, 30 g Eiweiß (25 E%), 33 g Fett (62 E%), 15 g Kohlenhydrate (13 E%)

01 Eier ca. 8 Minuten hart kochen, abschrecken, schälen und grob würfeln. Tomaten in feine Streifen schneiden. Zwiebeln schälen und fein würfeln. Schnittlauch waschen und in feine Röllchen schneiden.

02 Den Spargel im unteren Drittel schälen und die Enden ca. 2 cm abschneiden. Den Spargel in reichlich Salzwasser ca. 4–5 Minuten kochen (Hinweis: etwas Kochwasser wird gleich noch für die Marinade benötigt!). Anschließend in kaltem Wasser abschrecken.

03 Die Walnusskerne grob hacken und zusammen mit den Tomaten, den Zwiebeln und den Eiern vermengen. 3 EL Öl, Balsamicoessig und Spargelkochwasser hinzufügen und mit Salz und Pfeffer würzen.

04 Den Spargel mit dem Schinkenspeck umwickeln. 2 EL Öl in einer Pfanne erhitzen und die Spargelröllchen darin ca. 2–3 Minuten anbraten.

05 Die Spargelröllchen auf Tellern anrichten, die Tomaten-Eier-Marinade daraufgeben und servieren.

CLEVER & ZEITSPAREND KOCHEN:
Benutzen Sie immer die Kochplatte, die zur Größe Ihrer Pfanne oder Ihres Kochtopfes passt, um einerseits eine schnelle Hitze zu bekommen und andererseits einen unnötigen Energieverlust zu vermeiden.

Rohkost-Zucchini-Salat mit Putenschinkenstreifen

FÜR 4 PERSONEN

Für das Dressing:

- 2 EL Weinessig
- 4 EL Olivenöl
- 1 TL Senf
- 5 g Oregano (getrocknet)
- Salz und Pfeffer nach Geschmack

Für den Salat:

- 100 g Weintrauben (hell)
- 150 g Feta
- 200 g schwarze Oliven (entsteint)
- 600 g Zucchini
- 2 Köpfe Lollo Rosso
- 200 g geräucherter Putenschinken (ca. 6 Scheiben)

1 Portion (415 g): 445 kcal, 28 g Eiweiß (26 E%), 31 g Fett (62 E%), 13 g Kohlenhydrate (12 E%)

01 Weinessig, Öl, Senf, Oregano, Salz und Pfeffer zu einem Dressing verrühren.

02 Weintrauben waschen, von der Rebe lösen und halbieren. Feta grob zerbröckeln. Oliven abtropfen lassen und in Scheiben schneiden. Zucchini waschen, Enden abschneiden und mit einer Gemüsereibe in Stifte hobeln.

03 Die Weintrauben mit dem Feta, den Olivenscheiben und den Zucchinistiften mischen. Das Dressing dazugeben und nochmals vermengen.

04 Den Lollo Rosso in mundgerechte Stücke pflücken, waschen und in einem Sieb abtropfen lassen. Den Putenschinken in feine Streifen schneiden.

05 Die Salatblätter dekorativ auf Tellern anrichten, den Zucchinisalat darauf verteilen, die Putenschinkenstreifen darüberstreuen und servieren.

CLEVER & ZEITSPAREND VORBEREITEN:
Schreiben Sie sich für die kommende Woche am besten einen Low-Carb-Essensplan und hängen diesen gut sichtbar in der Küche auf. Einmal sorgfältig gemacht, sparen Sie sich damit eine mehrfache Planungszeit.

Fruchtiger Spinatsalat mit gebratenen Egerlingen

FÜR 4 PERSONEN

Für das Dressing:

- 3 EL Joghurt (1,5 % Fett)
- 2 EL Aceto balsamico (hell)
- 2 EL Olivenöl
- Saft einer ½ Limette
- 1 Apfel (z. B. Boskop)
- Salz und Pfeffer nach Geschmack

Für den Salat:

- 600 g frischer Blattspinat (Frühlings - oder Sommerspinat)
- 200 g Radicchio
- 400 g Egerlinge
- 2 EL Olivenöl
- Salz und Pfeffer nach Geschmack

1 Portion (365 g): 160 kcal, 6 g Eiweiß (15 E%), 11 g Fett (62 E%), 9 g Kohlenhydrate (23 E%)

01 Für das Dressing Joghurt, Essig, Öl und Limettensaft in einer Schüssel vermengen. Den Apfel vierteln, das Kerngehäuse entfernen, schälen, in grobe Stücke schneiden und zu den anderen Zutaten geben. Das Ganze mit einem Stabmixer pürieren und mit Salz und Pfeffer abschmecken.

02 Den Spinat waschen, trocken schleudern und von Stielen befreien. Den Radicchio waschen, vom Strunk befreien und in feine Streifen schneiden.

03 Die Egerlinge putzen, feucht abreiben und in Scheiben schneiden.

04 Öl in einer Pfanne erhitzen und die Egerlinge darin ca. 2–3 Minuten scharf anbraten. Mit Salz und Pfeffer würzen.

05 In der Zwischenzeit den Spinat und den Radicchio mit dem Dressing vermengen und auf Tellern anrichten. Die gebratenen Egerlinge darüber geben und servieren.

CLEVER & ZEITSPAREND KOCHEN:
Salatmarinaden und Gewürzpasten können gleich in größerer Menge für mehrere Tage vorbereitet und entsprechend gekühlt aufbewahrt werden.

Geschmorter Chicorée im Speckmantel

FÜR 4 PERSONEN

- 4 Blutorangen
- 2 EL Traubenkernöl
- 1 TL Honig
- 12 Chicoréestauden
- 300 g Bauchspeck (ca. 12 Scheiben)
- 100 g Walnüsse (gehackt, ohne Schale)
- 100 g Pistazien (gesalzen, geröstet, ohne Schale)
- Salz und Pfeffer nach Geschmack

1 Portion (610 g): 735 kcal, 27 g Eiweiß (15 E%), 58 g Fett (70 E%), 26 g Kohlenhydrate (15 E%)

01 Backofen auf 180° Umluft vorheizen.

02 Die Orangen von der Schale und der weißen Haut befreien. Die Fruchtfilets zwischen den Trennhäuten mit einem scharfen Messer herausschneiden und dabei den Saft auffangen.

03 Für das Dressing 4 EL Blutorangensaft mit Traubenkernöl und Honig verquirlen und anschließend mit Salz und Pfeffer abschmecken.

04 Die Chicoréestauden waschen, die äußeren Blätter entfernen und den Strunk großzügig herausschneiden. Die Chicoréestauden nun mit den Speckscheiben umwickeln.

05 Die umwickelten Chicoréestauden in eine Auflaufform setzen und im Ofen (Mitte) ca. 8 Minuten schmoren.

06 In der Zwischenzeit die Walnüsse und die Pistazien in einer Pfanne ohne Fett ca. 2–3 Minuten anrösten.

07 Zum Servieren den Chicorée auf den Tellern anrichten, das Dressing darüberträufeln und mit den Orangenfilets und Nüssen garnieren.

CLEVER & ZEITSPAREND KOCHEN: Den verbleibenden Orangensaft können Sie zugedeckt im Kühlschrank aufbewahren und am nächsten Morgen zu Ihrem Frühstück genießen.

Zuckerschotensalat mit Basilikum

FÜR 4 PERSONEN

- 500 g Zuckerschoten
- 500 g Möhren
- 100 g Pinienkerne
- 2 Bund frischer Basilikum
- 2 Knoblauchzehen
- 2 EL Aceto balsamico (dunkel)
- 6 EL Rapsöl
- Salz und Pfeffer nach Geschmack

1 Portion (305 g): 400 kcal, 13 g Eiweiß (13 E%), 28 g Fett (62 E%), 24 g Kohlenhydrate (25 E%)

01 Zuckerschoten putzen und für ca. 2 Minuten in 2 Liter kochendem Salzwasser blanchieren. Anschließend unter fließend kaltem Wasser abschrecken.

02 Möhren putzen, waschen, schälen und in fein raspeln.

03 Pinienkerne in einer Pfanne ohne Fett ca. 1–2 Minuten goldbraun rösten.

04 Basilikum waschen, trocken schütteln und die Blätter abzupfen.

05 Für die Vinaigrette den Knoblauch schälen und fein würfeln. Den Knoblauch mit Balsamicoessig, Öl, Salz und Pfeffer verrühren.

06 Zuckerschoten, Möhren und Basilikum in einer Schüssel mischen, die Vinaigrette unterziehen und den Salat anschließend auf Tellern anrichten.

07 Den Zuckerschotensalat vor dem Servieren mit den Pinienkernen bestreuen.

CLEVER & ZEITSPAREND VORBEREITEN:
Lagern Sie Ihre Küchenmesser bevorzugt in einem Messerblock oder in der Nähe des Kochfeldes und des Arbeitsbereiches an Messermagneten befestigt. Das ermöglicht eine höhere Sicherheit und erspart die unnötige Sucherei.

Rucola-Linsen-Salat mit Ziegenkäse

FÜR 4 PERSONEN

- 300 ml Gemüsebrühe
- 50 g Butter
- 140 g rote Linsen
- 400 g Rucola
- 2 Grapefruits
- 200 g Ziegenkäse (mild)
- ½ Bund frischer Schnittlauch
- 2 EL Walnussöl
- Saft einer ½ Zitrone
- Salz und Pfeffer nach Geschmack

1 Portion (415 g): 505 kcal, 26 g Eiweiß (21 E%), 30 g Fett (54 E%), 31 g Kohlenhydrate (25 E%)

01 Gemüsebrühe und Butter in einen großen Topf geben und aufkochen lassen. Die Linsen hinzufügen und in etwa 6–8 Minuten gar kochen. Anschließend die Linsen in der Brühe ca. 5 Minuten abkühlen lassen. Daraufhin abgießen, die Kochflüssigkeit auffangen.

02 In der Zwischenzeit den Rucola verlesen, waschen und trocken schütteln. Grobe Stiele abschneiden und die Blätter in mundgerechte Stücke zupfen.

03 Die Grapefruits von der Schale und der weißen Haut befreien. Die Fruchtfilets zwischen den Trennhäuten mit einem scharfen Messer herausschneiden und dabei den Saft auffangen.

04 Den Ziegenkäse in kleine Würfel schneiden. Den Schnittlauch waschen und in feine Röllchen schneiden.

05 Für das Dressing ca. 4 EL aufgefangene Linsenbrühe mit 4 EL Grapefruitsaft, dem Nussöl, den Schnittlauchröllchen und dem Zitronensaft verrühren. Mit Salz und Pfeffer abschmecken.

06 Linsen, Rucola, Grapefruitfilets und Käse locker miteinander vermengen, das Dressing darüber geben und sofort servieren.

Putenschnitzelstreifen mit gebratenem Currygemüse

FÜR 4 PERSONEN

- 3 rote Zwiebeln
- 1 Knoblauchzehe
- 2 Stangen Lauch (Porree)
- 2 Zucchini (ca. 500 g)
- 700 g Putenschnitzel
- ½ TL Kümmelpulver
- 4 EL Olivenöl
- 1 EL Currypulver
- ½ Bund frischer Kerbel
- Paprikapulver, Salz und Pfeffer nach Geschmack

1 Portion (395 g): 325 kcal, 46 g Eiweiß (58 E%), 12 g Fett (34 E%), 6 g Kohlenhydrate (8 E%)

01 Zwiebeln und Knoblauch schälen und fein würfeln. Lauch längs halbieren, waschen und in feine Halbmonde schneiden. Die beiden Enden der Zucchini abschneiden, waschen, längs vierteln und in 1 cm dicke Scheiben schneiden.

02 Putenschnitzel waschen, trocken tupfen und in 1 cm dünne Streifen schneiden. Mit Kümmel, Salz und Pfeffer würzen.

03 2 EL Öl in einer Pfannen erhitzen und Zwiebeln, Knoblauch, Lauch und Zucchini darin ca. 2–3 Minuten scharf anbraten. Mit Curry, Paprika, Salz und Pfeffer würzen. Anschließend das Gemüse aus der Pfanne nehmen und beiseitestellen.

04 In derselben Pfanne 2 EL Öl erhitzen und die Schnitzelstreifen ca. 2–3 Minuten darin anbraten. Das Gemüse dazugeben, untermengen und weitere 2–3 Minuten fertig braten.

05 In der Zwischenzeit den Kerbel waschen, entstielen und grob hacken.

06 Vor dem Servieren die Putenstreifen-Gemüse-Pfanne auf Tellern anrichten und mit dem Kerbel garnieren.

CLEVER & ZEITSPAREND KOCHEN:
Werden Gemüse, Fisch und Fleisch klein geschnitten, verkürzt sich automatisch auch deren Garzeit.

Geflügeltaler mit Joghurttomaten

FÜR 4 PERSONEN

- 800 g Hähnchenbrust (ohne Knochen)
- 2 Zwiebeln
- 100 g Parmesan
- 1 Ei (Größe L)
- 50 g Sesam
- 3 g Basilikum (getrocknet)
- 1 TL Paprikapulver (edelsüß)
- 3 EL Rapsöl
- 600 g Tomaten
- 200 g Joghurt (1,5 % Fett)
- 2 EL Aceto balsamico (hell)
- 2 EL Olivenöl
- ½ Bund frischer Dill
- Salz und Pfeffer nach Geschmack

1 Portion (490 g): 570 kcal, 63 g Eiweiß (45 E%), 30 g Fett (48 E%), 10 g Kohlenhydrate (7 E%)

01 Hähnchenbrust waschen, trocken tupfen, in möglichst feine Würfel schneiden und in eine Schüssel geben. Zwiebeln schälen und in feine Würfel schneiden. Parmesan fein hobeln.

02 Die Hähnchenbrustwürfel mit der Zwiebel, dem Parmesan, dem Ei, dem Sesam und dem Basilikum vermengen. Mit Paprika, Salz und Pfeffer würzen. Die Geflügelmasse anschließend zu esslöffelgroßen Talern formen.

03 Rapsöl in einer Pfanne erhitzen und die Geflügeltaler darin ca. 4–5 Minuten von jeder Seite braten.

04 In der Zwischenzeit die Tomaten waschen, vom Strunk befreien, halbieren und in Spalten schneiden.

05 Für das Dressing Joghurt, Balsamico und Olivenöl vermischen. Dill waschen, von den Stielen befreien und fein hacken. Mit Salz und Pfeffer würzen. Das Dressing über die Tomaten gießen und vermengen.

06 Die Geflügeltaler und die Joghurttomaten auf Tellern anrichten und servieren.

CLEVER & ZEITSPAREND EINKAUFEN:
Gliedern Sie die Lebensmittel auf dem Einkaufszettel ihrer räumlichen Abfolge im Supermarkt entsprechend. Das verschafft Ihnen einen besseren Überblick und spart Zeit.

Feuriges Hähnchenschnitzel mit Knoblauch-Paprika-Gemüse

FÜR 4 PERSONEN

- 4 Hähnchenschnitzel (à 180 g)
- 2 frische rote Chilischoten
- 6 gelbe Paprika
- 4 Knoblauchzehen
- 4 EL Rapsöl
- 150 ml Apfelsaft
- 100 g Schmelzkäse (20 % Fett i. Tr.)
- 1 Bund frischer Schnittlauch
- Muskat, Salz und Pfeffer nach Geschmack

1 Portion (485 g): 420 kcal, 52 g Eiweiß (51 E%), 15 g Fett (32 E%), 18 g Kohlenhydrate (17 E%)

01 Hähnchenschnitzel waschen, trocken tupfen und mit Salz und Pfeffer würzen.

02 Chilischoten waschen, längs halbieren, entkernen und in feine Streifen schneiden. Paprika halbieren, entkernen, waschen und in 2 cm große Würfel schneiden. Knoblauch schälen und in feine Scheiben schneiden.

03 2 EL Öl in einer Pfanne erhitzen und die Hähnchenschnitzel von beiden Seiten ca. 1–2 Minuten anbraten. Anschließend aus der Pfanne nehmen und beiseitestellen.

04 Das restliche Öl in derselben Pfanne erhitzen und die Paprikawürfel zusammen mit dem Knoblauch und der Chili darin ca. 2–3 Minuten anbraten. Mit Salz und Pfeffer würzen.

05 Das Paprikagemüse anschließend mit Apfelsaft ablöschen, den Schmelzkäse unterrühren und mit Muskat, Salz und Pfeffer abschmecken. Die Schnitzel dazugeben und in ca. 5–6 Minuten fertig garen.

06 In der Zwischenzeit den Schnittlauch waschen und in feine Röllchen schneiden.

07 Vor dem Servieren die Hähnchenschnitzel mit dem Knoblauch-Paprika-Gemüse auf Tellern anrichten und die Schnittlauchröllchen darüberstreuen.

CLEVER & ZEITSPAREND VORBEREITEN:
Häufig verwendete Gewürze sollten im Idealfall im direkten Zugriffsbereich nahe des Kochfelds (z. B. in einem Gewürzregal) verstaut werden, denn dies spart unnötige Handgriffe.

Gefüllte Entenroulade mit Fenchelcremegemüse

FÜR 4 PERSONEN

- 800 g Entenbrust (4 Stück)
- 200 g getrocknete Tomaten (in Öl)
- 200 g Schafskäse
- 1 Ei (Größe L)
- 2 EL Olivenöl
- 600 g Fenchel (ca. 3 Knollen)
- 4 Schalotten
- 100 g Frischkäse (Doppelrahmstufe)
- Muskat, Salz und Pfeffer nach Geschmack
- 4 Zahnstocher oder Bindfaden

1 Portion (525 g): 850 kcal, 54 g Eiweiß (26 E%), 64 g Fett (67 E%), 15 g Kohlenhydrate (7 E%)

01 Die Entenbrust waschen und trocken tupfen. Die Entenbrust mit der flachen Hand von oben festhalten und das Fleisch in der Mitte mit einem Messer waagerecht so weit einschneiden, dass es noch an einer Seite verbunden ist und die Entenbrust daraufhin zur doppelten Größe (schmetterlingsförmig) auseinander gefaltet werden kann. Anschließend das Fleisch zwischen zwei Folien flach klopfen.

02 Für die Füllung die getrockneten Tomaten abtropfen und fein würfeln. Den Schafskäse ebenfalls fein würfeln. Tomaten und Schafskäse mit dem Ei vermengen und mit Muskat, Salz und Pfeffer würzen.

03 Die Entenbrust von beiden Seiten mit Salz und Pfeffer würzen. Die Füllung anschließend gleichmäßig auf der Oberseite des Fleisches verteilen. Dieses nun zu einer Roulade einrollen und mit einem Zahnstocher fixieren.

04 1 EL Öl in einer beschichteten Pfanne erhitzen und die Rouladen ca. 5–6 Minuten von allen Seiten anbraten.

05 In der Zwischenzeit den Fenchel waschen, vom Strunk befreien und in feine Streifen schneiden. Die Schalotten schälen, halbieren und ebenfalls in feine Streifen schneiden.

06 In einer weiteren Pfanne 1 EL Öl erhitzen und die Fenchel- und Schalottenstreifen darin ca. 2–3 Minuten anbraten. Mit Salz und Pfeffer würzen. Anschließend den Frischkäse dazugeben und das Ganze in etwa 1–2 Minuten fertig garen.

07 Die Rouladen vor dem Servieren vom Zahnstocher befreien, schräg anschneiden und zusammen mit dem Fenchelgemüse anrichten.

Putenschnitzel im Leinsamen-Kokos-Mantel mit Möhrensalat

FÜR 4 PERSONEN

- 800 g Putenschnitzel (4 Stück)
- 100 g Leinsamen
- 100 g Kokosraspel
- 1 EL Majoran (getrocknet)
- 2 Eier (Größe L)
- 2 EL Olivenöl
- 600 g Möhren
- 100 g saure Sahne
- 1 EL Aceto balsamico (hell)
- 1 Bund frischer Schnittlauch
- Salz und Pfeffer nach Geschmack

1 Portion (470 g): 535 kcal, 23 g Eiweiß (18 E%), 42 g Fett (70 E%), 16 g Kohlenhydrate (12 E%)

01 Putenschnitzel waschen, trocken tupfen und von beiden Seiten mit Salz und Pfeffer würzen.

02 Leinsamen, Kokosraspel und Majoran in einem tiefen Teller vermischen. Die Eier in einem zweiten tiefen Teller aufschlagen und verquirlen. Die Putenschnitzel zuerst in Ei, dann in der Leinsamen-Kokos-Mischung wenden. Die Panade anschließend leicht andrücken.

03 1 EL Öl in einer beschichteten Pfanne erhitzen und das Fleisch bei geringer Hitze ca. 4–5 Minuten goldbraun braten.

04 Möhren schälen, zu Raspel hobeln und anschließend mit 1 EL Öl, saurer Sahne, Essig, Salz und Pfeffer marinieren. Den Schnittlauch waschen, trocken schütteln, in feine Röllchen schneiden und unter den Möhrensalat mischen.

05 Die knusprigen Putenschnitzel zusammen mit dem Möhrensalat servieren.

CLEVER & ZEITSPAREND KOCHEN:
Verwenden Sie einen Gemüsehobel anstelle eines einfachen Messers, um so die Arbeitsschritte zu beschleunigen.

Minutensteakstreifen im Asiastil

FÜR 4 PERSONEN

- 600 g Schweinesteaks (Minutensteaks)
- 2 Bund Frühlingszwiebeln
- 400 g Champignons
- 400 g Sojasprossen
- 200 g Bambusstreifen (Dose)
- 2 Zweige frischer Koriander
- 1 Ananas (ca. 200 g)
- 1 EL Sesamöl
- 2 EL Sojasauce (hell oder dunkel)
- Saft von 1 Limette
- 1 Msp. Chilipulver
- Salz und Pfeffer nach Geschmack
- Wok zum Anbraten (alternativ haushaltsübliche Pfanne)

1 Portion (545 g): 375 kcal, 45 g Eiweiß (49 E%), 12 g Fett (30 E%), 20 g Kohlenhydrate (21 E%)

01 Minutensteaks waschen, trocken tupfen und in feine Streifen schneiden. Frühlingszwiebeln waschen und in Röllchen schneiden.

02 Champignons und Sojasprossen kurz unter fließendem Wasser abbrausen. Champignons vierteln.

03 Bambusstreifen abtropfen lassen. Koriander waschen, trocken schütteln, Blätter abzupfen und in feine Streifen schneiden. Ananas schälen, halbieren, Strunk entfernen und das Fruchtfleisch in 2–3 cm große Würfel schneiden.

04 Sesamöl im Wok erhitzen, und die Minutensteakstreifen darin ca. 2–3 Minuten anbraten. Frühlingszwiebeln, Champignons und Sojasprossen dazugeben und für weitere 1–2 Minuten mitbraten. Anschließend mit Sojasauce, Limettensaft, Chili, Salz und Pfeffer würzen.

05 Bambusstreifen dazugeben und in 3–4 Minuten fertig garen.

06 Kurz vor Ende der Garzeit die Ananas und den Koriander untermengen. Nochmals den Geschmack überprüfen und ggf. nachwürzen.

07 Zum Servieren den Wok (oder die Pfanne) in die Mitte des Tisches stellen.

CLEVER & ZEITSPAREND KOCHEN:
Bei einigen Lebensmitteln wie z. B. Kräutern (hier Koriander) lohnt es sich vorzuarbeiten: Sie könnten gleich einen ganzen Bund frischen Koriander kaufen (obwohl Sie hier nur einige Zweige benötigen) und diesen in feine Streifen schneiden. Reste können dann zur Vorratshaltung in Eiswürfelbecher eingefroren werden.

Gebratenes Kotelett mit Wirsingfüllung und Kräuterquarkdip

FÜR 4 PERSONEN

- 800 g Schweinekoteletts (4 Stück)

Für die Füllung:

- 800 g Wirsing (1 Kopf)
- 1 Knoblauchzehe
- 100 g Ricotta
- 1 Ei (Größe L)
- 3 EL Olivenöl
- Salz und Pfeffer nach Geschmack
- 4 Zahnstocher

Für den Dip:

- ½ Bund frische Petersilie
- 100 g Feta
- Saft einer ½ Zitrone
- 100 g Magerquark
- 125 ml Milch (1,5 % Fett)
- Salz und Pfeffer nach Geschmack

1 Portion (540 g): 545 kcal, 62 g Eiweiß (46 E%), 28 g Fett (47 E%), 9 g Kohlenhydrate (7 E%)

01 Koteletts waschen und trocken tupfen. Mit einem spitzen Messer eine Tasche in jedes Kotelett schneiden. Die Koteletts von außen mit Salz und Pfeffer würzen.

02 Für die Füllung den Wirsing waschen, vom Strunk befreien, die großen Stiele entfernen und die Blätter danach in feine Streifen schneiden. Die Wirsingstreifen in 2–3 Liter kochendem Salzwasser ca. 1–2 Minuten blanchieren und anschließend in kaltem Wasser abschrecken.

03 In der Zwischenzeit den Knoblauch schälen, fein hacken und zusammen mit dem Ricotta und dem Ei in einer Schüssel vermengen. Den Wirsing dazugeben, vermischen und mit Salz und Pfeffer würzen.

04 Die Koteletts mit der Wirsingmasse füllen und mit einem Zahnstocher verschließen.

05 Öl in einer Pfanne erhitzen und die Koteletts ca. 4–5 Minuten von jeder Seite fertig braten.

06 Währenddessen die Petersilie waschen, trocken schütteln, entstielen und fein hacken. Den Feta grob zerbröckeln.

07 Petersilie, Feta, Zitronensaft, Quark und Milch mit einem Stabmixer pürieren und mit Salz und Pfeffer abschmecken.

08 Die Koteletts vor dem Servieren von den Zahnstochern befreien und zusammen mit dem Kräuterquarkdip auf Tellern anrichten.

CLEVER & ZEITSPAREND KOCHEN:
Achten Sie darauf, die Zeit zwischen den Arbeitsschritten (z. B. während der Garzeiten) sinnvoll zu nutzen und bereits erste Aufräum- oder Abwascharbeiten zu erledigen. Das erspart Ihnen den unliebsamen »Riesenabwasch« nach dem Kochen.

Bunte Gemüse-Hackfleisch-Pfanne

FÜR 4 PERSONEN

- 1 Stange Lauch (Porree)
- 300 g Pfifferlinge
- 300 g Möhren
- 4 rote Paprika
- 2 EL Rapsöl
- 500 g Hackfleisch (gemischt)
- 200 g Crème fraîche
- 2 Bund Frühlingszwiebeln
- Salz und Pfeffer nach Geschmack

1 Portion (585 g): 600 kcal, 31 g Eiweiß (21 E%), 42 g Fett (62 E%), 26 g Kohlenhydrate (17 E%)

01 Lauch längs halbieren, waschen, Stiel- und Wurzelansatz entfernen und in feine Streifen schneiden. Pfifferlinge putzen und längs halbieren. Möhren schälen und in feine Stifte schneiden. Paprika halbieren, entkernen, waschen und in feine Würfel schneiden.

02 Öl in einer großen Pfanne erhitzen und das Hackfleisch ca. 3–4 Minuten kräftig anbraten. Mit Salz und Pfeffer würzen. Das Gemüse dazugeben und weitere 3–4 Minuten mitbraten. Anschließend die Crème fraîche hinzufügen und unter gelegentlichem Rühren in ca. 2–3 Minuten fertig braten.

03 In der Zwischenzeit die Frühlingszwiebeln waschen, den Wurzelansatz entfernen und in feine Röllchen schneiden.

04 Die Gemüse-Hackfleisch-Pfanne auf Tellern anrichten, mit den Frühlingszwiebelröllchen bestreuen und servieren.

CLEVER & ZEITSPAREND EINKAUFEN:
Durch den Kauf von Bio-Gemüse und -Obst können Sie Zeit sparen, da es z. B. bei Möhren oder Salatgurken überflüssig ist, diese zu schälen.

Schweinefiletspieß auf Oliven-Zwiebel-Sauce

FÜR 4 PERSONEN

Für die Sauce:

- 3 Zwiebeln
- 2 Knoblauchzehen
- 1 EL Rapsöl
- 300 g schwarze Oliven (entsteint)
- 100 g Tomatenmark (Tube)
- 1 TL Paprikapulver (edelsüß)
- 1 EL Basilikum (getrocknet)
- 150 ml Rindfleischbrühe
- Tabasco, Salz und frisch gemahlener Pfeffer aus der Mühle nach Geschmack

Für die Spieße:

- 600 g Schweinefilet
- 200 g magerer Speck (am Stück)
- 4 Zwiebeln
- 1 EL Rapsöl
- 4 Spieße (wenn vorhanden aus Metall)

1 Portion (405 g): 750 kcal, 38 g Eiweiß (21 E%), 63 g Fett (74 E%), 8 g Kohlenhydrate (5 E%)

01 Für die Sauce die Zwiebeln schälen und fein würfeln. Knoblauch schälen und fein hacken. Öl in einem Topf erhitzen und die Zwiebeln und den Knoblauch darin ca. 1–2 Minuten andünsten. Oliven abtropfen lassen und in feine Ringe schneiden. Oliven, Tomatenmark, ½ TL Paprikapulver, Basilikum, Rindfleischbrühe und Salz ebenfalls in den Topf geben und das Ganze ca. 5 Minuten bei geringer Hitze einkochen lassen. Oliven-Zwiebel-Sauce je nach gewünschtem Schärfegrad mit Tabasco und Pfeffer abschmecken.

02 In der Zwischenzeit das Schweinefilet waschen, entsehnen und in ca. 2 cm große Würfel schneiden. Den Speck ebenfalls in ca. 2 cm große Würfel schneiden. Zwiebeln schälen und vierteln. Die Fleischwürfel, Zwiebelviertel und Speckwürfel abwechselnd auf die Schaschlikspieße stecken.

03 Öl in einer beschichteten Pfanne erhitzen und die Spieße ca. 3–4 Minuten von jeder Seite fertig braten.

04 Die Oliven-Zwiebel-Sauce über die Filetspieße gießen und servieren.

CLEVER & ZEITSPAREND KOCHEN:
Übrig gebliebene Rindfleischbrühe lässt sich sehr gut in Form von Eiswürfeln bevorraten.

Rinderfiletstreifen mit Kräuterrahmpfifferlingen

FÜR 4 PERSONEN

- 1 Zwiebel
- 2 rote Paprika
- 1 Bund frischer Kerbel
- 600 g Pfifferlinge
- 4 EL Olivenöl
- 200 ml Gemüsebrühe
- 100 g Schmand
- 250 g Frischkäse (Doppelrahmstufe)
- 1 EL Speisestärke
- 4 EL kaltes Wasser
- 600 g Rinderfilet
- Muskat, Salz und Pfeffer nach Geschmack

1 Portion (545 g): 610 kcal, 45 g Eiweiß (30 E%), 45 g Fett (64 E%), 9 g Kohlenhydrate (6 E%)

01 Für die Rahmpilze die Zwiebel schälen und in feine Würfel schneiden. Paprika halbieren, entkernen, waschen und in grobe Würfel schneiden. Kerbel waschen, trocken schütteln und fein hacken. Pfifferlinge putzen und längs halbieren.

02 2 EL Öl in einer beschichteten Pfanne erhitzen. Zwiebel, Paprika und Pilze darin ca. 2–3 Minuten scharf anbraten. Anschließend mit der Gemüsebrühe ablöschen und den Schmand sowie den Frischkäse dazugeben.

03 Die Speisestärke im Wasser lösen.

04 Die Kräuterrahmchampignons mit Muskat, Salz und Pfeffer würzen. Nun die Speisestärke einrühren und das Ganze kurz aufkochen lassen. Daraufhin den Kerbel dazugeben und weitere 1–2 Minuten fertig kochen.

05 In der Zwischenzeit das Rinderfilet waschen, entsehnen und in feine Streifen schneiden. 2 EL Öl erhitzen und die Rinderfiletstreifen darin in ca. 3–4 Minuten fertig braten. Mit Salz und Pfeffer würzen.

06 Vor dem Servieren die Kräuterrahmpfifferlinge auf Tellern anrichten und die Rinderfiletstreifen darauf verteilen.

CLEVER & ZEITSPAREND EINKAUFEN:
Einige Lebensmittel können bereits geschnitten oder küchenfertig gekauft werden. Lassen Sie sich das Rinderfilet vom Fleischer Ihres Vertrauens nach Ihren Bedürfnissen vorbereiten und es z. B. entsehnen.

Rinderhacksteak mit lauwarmem Rotkohlsalat

FÜR 4 PERSONEN

- 400 g Rinderhackfleisch
- 150 g Zwiebelmettwurst
- 2 Eier (Größe L)
- 5 g Rosmarin (getrocknet)
- 1 TL Paprikapulver
- 1 Rotkohl (ca. 1,5 kg)
- 4 EL Olivenöl
- ½ TL Muskat
- 1 TL Kümmel
- 2 EL Aceto balsamico (hell oder dunkel)
- 200 g saure Sahne
- Salz und Pfeffer nach Geschmack

1 Portion (610 g): 635 kcal, 38 g Eiweiß (25 E%), 46 g Fett (64 E%), 17 g Kohlenhydrate (11 E%)

01 Rinderhackfleisch mit Zwiebelmettwurst, den Eiern und Rosmarin gut vermengen und anschließend mit Paprika, Salz und Pfeffer würzen.

02 Den Rotkohl vom Strunk befreien und fein hobeln. 2 EL Öl in einer beschichteten Pfanne erhitzen und den Rotkohl darin ca. 3–4 Minuten anrösten. Anschließend mit Muskat, Kümmel, Essig, Salz und Pfeffer würzen, die saure Sahne unterheben und die Pfanne von der Herdplatte nehmen.

03 Die Rinderhackmasse zu 8 handflächengroßen Talern formen.

04 2 EL Öl in einer beschichteten Pfanne erhitzen und die Hacksteaks darin ca. 4–5 Minuten von jeder Seite anbraten.

05 Die Rinderhacksteaks zusammen mit dem lauwarmen Rotkohlsalat servieren.

CLEVER & ZEITSPAREND VORBEREITEN:
Legen Sie für lose Rezeptblätter eine Low-Carb-Rezeptesammlung (z. B. in einem Ordner) an und bewahren diesen griffbereit in der Küche auf.

Gratiniertes Kalbsschnitzel mit Blauschimmelkäse und Salzrettich

FÜR 4 PERSONEN

- 800 g Kalbsschnitzel (4 Stück)
- 2 Tomaten
- 100 g Blauschimmelkäse
- 2 EL Olivenöl
- 200 g gekochter Schinken (ca. 4 Scheiben)
- 2 Rettiche (ca. 500 g)
- Salz und Pfeffer nach Geschmack

1 Portion (445 g): 435 kcal, 64 g Eiweiß (60 E%), 18 g Fett (36 E%), 4 g Kohlenhydrate (4 E%)

01 Kalbsschnitzel waschen, trocken tupfen und flach klopfen. Anschließend mit Salz und Pfeffer würzen.

02 Tomaten waschen, den Strunk entfernen und in jeweils vier (ca. 1 cm dicke) Scheiben schneiden. Blauschimmelkäse in 4 Scheiben schneiden.

03 Backofen auf 180° Umluft vorheizen.

04 Öl in einer feuerfesten Pfanne erhitzen und die Schnitzel darin ca. 1–2 Minuten von jeder Seite anbraten.

05 Die Schnitzel nun jeweils mit 1 Scheibe Schinken, 2 Scheiben Tomaten und 1 Scheibe Blauschimmelkäse belegen.

06 Die Kalbsschnitzel im Ofen (Mitte) ca. 5–6 Minuten gratinieren.

07 Währenddessen den Rettich schälen, in feine Streifen hobeln und nach Geschmack salzen.

08 Vor dem Servieren den Rettich auf Tellern anrichten und das gratinierte Kalbsschnitzel anlegen.

CLEVER & ZEITSPAREND KOCHEN:
Haben Sie noch Restgemüse im Kühlschrank? Anstelle des Rettichs passen auch gesalzene Gurken oder Radieschen zu diesem Gericht.

Seelachsfilet im Silberpäckchen

FÜR 4 PERSONEN

- 300 g Kidneybohnen (Dose)
- 200 g Frühlingszwiebeln
- 2 frische rote Chilischoten
- 6 Strauchtomaten
- 4 Seelachsfilets (á 180 g)
- 4 TL Olivenöl
- ½ Bund frischer Dill
- Salz und Pfeffer nach Geschmack
- 4 Streifen Alufolie

1 Portion (435 g): 320 kcal, 41 g Eiweiß (52 E%), 10 g Fett (29 E%), 15 g Kohlenhydrate (19 E%)

01 Bohnen in ein Sieb geben und gut abtropfen lassen. Frühlingszwiebeln vom Wurzelwerk befreien, waschen und in feine Röllchen schneiden. Chilischoten waschen, halbieren, entkernen und in feine Würfel schneiden. Tomaten waschen, Strunk entfernen und in 1 cm große Würfel schneiden.

02 Backofen auf 180° Umluft vorheizen.

03 Die Bohnen mit den Frühlingszwiebeln und den Chili- und Tomatenwürfeln in einer großen Schüssel mischen und mit Salz und Pfeffer abschmecken.

04 Seelachsfilets waschen, trocken tupfen und ebenfalls mit Salz und Pfeffer würzen.

05 Alufolien jeweils mit 1 TL Öl bestreichen und die Bohnenmischung daraufgeben. Anschließend den gewürzten Seelachs darauflegen und zu einem Päckchen verschließen.

06 Die Fisch-Gemüse-Päckchen im Ofen (Mitte) ca. 10 Minuten garen.

07 Den Dill waschen, trocken schütteln und fein hacken.

08 Vor dem Servieren die Fischpäckchen auf Tellern anrichten, öffnen und mit Dill bestreuen.

CLEVER & ZEITSPAREND KOCHEN: Bei diesem Gericht brauchen Sie außer einer Schüssel und einem Sieb keinerlei Kochgeschirr.

Schollenfilet mit Kohlrabigemüse in Mango-Curry-Sauce

FÜR 4 PERSONEN

- 2 Zwiebeln
- 2 Mangos
- 1 EL Olivenöl
- 250 ml Gemüsebrühe
- 1 EL Currypaste (Tube)
- 400 g Kohlrabi (ca. 3 Knollen)
- 8 Schollenfilets (à 60–80 g)
- Saft von 1 Zitrone
- 200 g Schmand
- Salz und schwarzer Pfeffer nach Geschmack

1 Portion (510 g): 400 kcal, 32 g Eiweiß (32 E%), 21 g Fett (48 E%), 19 g Kohlenhydrate (20 E%)

01 Zwiebeln schälen und in feine Würfel schneiden. Mangos schälen, vom Kern befreien und in grobe Würfel schneiden.

02 Öl in einer beschichteten Pfanne erhitzen und die Zwiebel- und Mangowürfel ca. 1–2 Minuten darin anschwitzen. Mit Gemüsebrühe ablöschen, die Currypaste dazugeben und mit etwas Pfeffer würzen. Anschließend für weitere 1–2 Minuten leicht köcheln lassen.

03 Backofen auf 120° Umluft vorheizen.

04 Kohlrabi schälen und in Stifte hobeln. 2 Liter Salzwasser in einem Topf zum Kochen bringen und den Kohlrabi darin ca. 1–2 Minuten blanchieren. Den Kohlrabi anschließend abtropfen lassen und im Topf bei geschlossenem Deckel auf der Herdplatte warm halten.

05 Die Schollenfilets waschen, trocken tupfen, mit Zitronensaft beträufeln und mit Salz und Pfeffer würzen.

06 Die Schollenfilets in die köchelnde Currysauce legen und zugedeckt ca. 4–5 Minuten garen lassen. Anschließend aus dem Sud nehmen und im Ofen (Mitte) mit Alufolie bedeckt warm stellen.

07 Die Kohlrabistreifen in die Currysauce geben, mit dem Schmand verfeinern und ca. 1–2 Minuten köcheln lassen.

08 Zum Servieren das Kohlrabigemüse zusammen mit der Mango-Curry-Sauce in tiefe Teller geben, den Fisch aus dem Ofen nehmen und auf dem Kohlrabigemüse platzieren.

CLEVER & ZEITSPAREND KOCHEN:
Ist der Topf während des Kochvorgangs mit einem Deckel verschlossen, verkürzt dies die Garzeit (in diesem Rezept bei Kohlrabi) um ein Drittel.

Spargel-Garnelen-Pfanne

FÜR 4 PERSONEN

- **300 g Champignons**
- **300 g Möhren**
- **500 g grüner Spargel**
- **2 Knoblauchzehen**
- **1 frische rote Chilischote**
- **3 EL Sesamöl**
- **200 ml Gemüsebrühe**
- **2 EL Sojasauce**
- **500 g Garnelen (geschält, küchenfertig)**
- **½ Bund frische Blattpetersilie**
- **Salz und Pfeffer nach Geschmack**

1 Portion (470 g): 255 kcal, 30 g Eiweiß (48 E%), 10 g Fett (36 E%), 10 g Kohlenhydrate (16 E%)

01 Champignons kurz unter fließendem Wasser waschen und vierteln. Möhren schälen und mit einem Gemüsehobel in Stifte hobeln. Die Spargelstangen waschen, im unteren Drittel schälen und schräg in ca. 5 cm lange Stücke schneiden.

02 Spargel in 2 Liter kochendem Salzwasser ca. 2–3 Minuten blanchieren. Den Spargel anschließend abgießen und unter fließendem kaltem Wasser abschrecken.

03 Knoblauch schälen und fein würfeln. Chilischote längs halbieren, entkernen, waschen und fein hacken.

04 Sesamöl in einer Pfanne erhitzen und die Chili zusammen mit dem Knoblauch darin ca. 1–2 Minuten andünsten.

05 Den abgetropften Spargel, die Champignons und Möhrenstifte ebenfalls in die Pfanne geben und darin weitere 2–3 Minuten unter Rühren braten.

06 Gemüsebrühe und Sojasauce zu dem Gemüse in der Pfanne angießen und aufkochen lassen. Die Garnelen hinzufügen und in etwa 3 Minuten fertig garen. Mit Salz und Pfeffer würzen.

07 In der Zwischenzeit die Petersilie waschen, entstielen und grob hacken.

08 Vor dem Servieren die Spargelgarnelen auf Tellern anrichten und mit der Petersilie bestreuen.

CLEVER & ZEITSPAREND KOCHEN:
Erhitzen Sie Wasser, welches z. B. zum Blanchieren von Gemüse benötigt wird, mit dem Wasserkocher, denn das verkürzt die Kochzeit.

Miesmuscheln im Gemüse-Knoblauch-Sud

FÜR 4 PERSONEN

- **3 kg Miesmuscheln (küchenfertig)**
- **3 Zwiebeln**
- **4 Knoblauchzehen**
- **2 Stangen Lauch (Porree)**
- **200 g Möhren**
- **2 EL Butter**
- **500 ml Gemüsebrühe**
- **1 Bund frische Blattpetersilie**
- **Chilipulver, Salz und Pfeffer aus der Mühle nach Geschmack**

1 Portion (420 g): 185 kcal, 18 g Eiweiß (40 E%), 8 g Fett (36 E%), 11 g Kohlenhydrate (24 E%)

01 Miesmuscheln unter kaltem Wasser gründlich waschen und bereits geöffnete Muscheln entsorgen. Die Bärte von den Muscheln entfernen.

02 Zwiebeln schälen und in feine Ringe schneiden. Knoblauch schälen und fein würfeln. Lauch vom Wurzelwerk befreien, längs halbieren und in feine Streifen schneiden. Möhren schälen und fein hobeln.

03 Die Butter in einem Topf erhitzen und Zwiebeln, Knoblauch, Lauch und Möhren darin ca. 2–3 Minuten anbraten. Mit Chili, Salz und Pfeffer würzen.

04 Das Gemüse mit der Brühe ablöschen und die Muscheln dazugeben. Die Muscheln ca. 5 Minuten bei starker Hitze zugedeckt kochen lassen, bis sich alle Muscheln geöffnet haben.

05 Zwischenzeitlich die Petersilie waschen, trocken schütteln und die einzelnen Blättchen abzupfen.

06 Die Muscheln, die sich während des Kochens nicht geöffnet haben, vor dem Servieren aussortieren und entsorgen, da diese verdorben sind.

07 Die Muscheln nun zusammen mit dem Gemüse-Knoblauch-Sud in tiefen Teller anrichten, mit Petersilie bestreuen und servieren.

CLEVER & ZEITSPAREND EINKAUFEN:
Miesmuscheln isst man traditionell in der Zeit zwischen September und April. Als kleiner Merktipp: Dies sind die Monate mit »r«.

Lachssteak mit Dillcreme und Selleriestroh

FÜR 4 PERSONEN

- 700 g Lachssteak (4 Stück)
- Saft einer ½ Zitrone
- 1 Bund frischer Dill
- 150 g Crème fraîche
- 5 EL Sahne
- 2 TL Senf (mittelscharf)
- 2 Knollensellerie (ca. 700 g)
- 4 EL Olivenöl
- Salz und Pfeffer nach Geschmack

1 Portion (430 g): 455 kcal, 38 g Eiweiß (34 E%), 30 g Fett (59 E%), 8 g Kohlenhydrate (7 E%)

01 Backofen auf 200° Umluft vorheizen.

02 Lachssteaks waschen, trocken tupfen und mit Zitronensaft beträufeln. Mit Salz und Pfeffer würzen. Die Lachssteaks in eine feuerfeste Auflaufform legen.

03 Dill waschen, trocken schütteln und fein hacken. Den Dill anschließend mit Crème fraîche, Sahne und Senf verrühren sowie mit Salz und Pfeffer würzen. Die Dillcreme anschließend über den Lachs geben.

04 Den Lachs im Ofen (Mitte) ca. 8–10 Minuten garen.

05 In der Zwischenzeit den Sellerie schälen und in feine Streifen hobeln.

06 Öl in einer Pfanne erhitzen und die Selleriestreifen darin ca. 5–6 Minuten goldbraun braten. Anschließend auf einem Küchenpapier abtropfen lassen und mit einer Prise Salz würzen.

07 Die Lachssteaks zusammen mit der Dillcreme auf Tellern anrichten und mit dem Selleriestroh bestreuen.

CLEVER & ZEITSPAREND KOCHEN:
Zitronen oder Limetten vor dem Auspressen auf einem harten Untergrund rollen und dabei Druck ausüben. Beim Auspressen kommt so anschließend schneller mehr Saft aus der Frucht.

Gefüllte Feigen mit Ziegenkäse im Schinkenmantel

FÜR 4 PERSONEN

- **8 reife Feigen**
- **150 g Ziegenkäse (mild)**
- **1 Bund frischer Rosmarin**
- **200 g luftgetrockneter Schinken (ca. 8 Scheiben, z. B. Serrano)**
- **2 EL Olivenöl**

1 Portion (220 g): 350 kcal, 20 g Eiweiß (24 E%), 22 g Fett (56 E%), 17 g Kohlenhydrate (20 E%)

01 Backofen auf 180° Umluft vorheizen.

02 Feigen waschen und über Kreuz in Viertel ein-, aber nicht durchschneiden.

03 Ziegenkäse in 8 Stücke teilen. Rosmarin waschen und in 8 Zweige teilen.

04 Den Ziegenkäse ins Herz der Feigen füllen. Anschließend jede Feige mit 1 Scheibe Schinken umwickeln und mit 1 Zweig Rosmarin feststecken.

05 Die Feigen auf ein Backblech setzen, mit dem Öl beträufeln und im Ofen (Mitte) ca. 5–6 Minuten backen.

06 Die gefüllten Feigen können Sie sowohl heiß als auch kalt servieren und genießen.

CLEVER & ZEITSPAREND KOCHEN:
Verwenden Sie die Verpackung von Lebensmittel (z. B. Feigenkarton) gleich als Müllbehälter für die Abfälle. Dies spart nicht nur wiederholte Gänge zum Abfalleimer, sondern zusätzlich auch das Abspülen der Abfallschüssel.

Überbackener Schafskäse mit Erdbeeren und Trauben

FÜR 4 PERSONEN

- 400 g Erdbeeren
- 100 g Weintrauben (hell)
- 200 g Schafskäse
- 1 EL Rapsöl
- 4 Eier (Größe M)
- 50 g Mandelblättchen

1 Portion (250 g): 370 kcal, 19 g Eiweiß (21 E%), 27 g Fett (66 E%), 11 g Kohlenhydrate (13 E%)

01 Backofen auf 180° Umluft vorheizen.

02 Erdbeeren waschen und vierteln. Weintrauben von der Rispe befreien, waschen und halbieren. Schafskäse in 4 gleichgroße Scheiben schneiden.

03 Eine Auflaufform mit Rapsöl ausstreichen und die Schafskäsestücke hineinlegen.

04 Die Eier vom Eiklar trennen und dieses mit einem Handrührer zu Eischnee schlagen.

05 Erdbeeren und Weintrauben auf dem Schafskäse verteilen und mit dem Eischnee bedecken. Das Ganze im Ofen (Mitte) ca. 5–6 Minuten überbacken.

06 In der Zwischenzeit die Mandelblättchen in einer Pfanne ohne Fett ca. 1–2 Minuten anrösten.

07 Den überbackenen Schafskäse auf Tellern anrichten, mit den Mandelblättchen bestreuen und servieren.

CLEVER & ZEITSPAREND KOCHEN: Das verbleibende Eigelb können Sie zugedeckt im Kühlschrank aufbewahren und am nächsten Morgen zu einem Omelett verarbeiten.

Himbeercreme im Glas

FÜR 4 PERSONEN

- **400 g Quark (Vollfett)**
- **1 EL Honig**
- **Saft von 1 Zitrone**
- **500 g frische Himbeeren**
- **½ Bund frische Minze**

1 Portion (250 g): 220 kcal, 11 g Eiweiß (21 E%), 13 g Fett (52 E%), 15 g Kohlenhydrate (27 E%)

01 Quark mit Honig und Zitronensaft verrühren.

02 Himbeeren verlesen, unter fließendem Wasser waschen und abtropfen lassen.

03 Abwechselnd Quark und Himbeeren in einem Glas schichten. Einige Himbeeren zum Garnieren beiseitelegen.

04 Minze waschen, trocken schütteln und die Blättchen vom Stiel befreien.

05 Die Himbeercreme vor dem Servieren mit den restlichen Himbeeren und den Minzeblättern dekorieren.

Erdbeer-Sauerkirsch-Smoothie

FÜR 4 PERSONEN

- **400 g Erdbeeren (tiefgekühlt)**
- **200 ml Kirschsaft**
- **Saft von 1 Limette**
- **1 EL Honig**
- **250 g Joghurt (1,5 % Fett)**
- **4 Strohhalme**

1 Portion (230 g): 120 kcal, 4 g Eiweiß (12 E%), 2 g Fett (13 E%), 22 g Kohlenhydrate (75 E%)

01 Erdbeeren in einem hohen Gefäß ca. 5 Minuten antauen lassen.

02 Kirschsaft, Limettensaft und Honig zu den Erdbeeren geben und mit einem Stabmixer pürieren.

03 Den Smoothie anschließend in Gläser füllen und den Joghurt als Topping dazugeben.

04 Die Smoothiegläser jeweils mit einem Strohhalm versehen und servieren.

Gebratene Ananas mit Ricotta-Quark-Creme

FÜR 4 PERSONEN

- 200 g Ricotta
- 100 g Quark (Vollfett)
- 1 Zitrone (Bio)
- 1 EL Honig
- 1 Ananas
- 50 g Butter
- 100 g Haselnüsse (gestiftet)

1 Portion (225 g): 425 kcal, 13 g Eiweiß (12 E%), 34 g Fett (71 E%), 17 g Kohlenhydrate (17 E%)

01 Ricotta und Quark mit der abgeriebenen Schale einer halben Zitrone vermischen.

02 In die Ricotta-Quark-Creme den Saft einer halben Zitrone sowie den Honig mischen.

03 Die Ananas schälen und in 1 cm dicke Scheiben schneiden.

04 Butter in einer Pfanne erhitzen und die Ananasscheiben darin ca. 3–4 Minuten bei geringer Hitze von beiden Seiten anbraten. Haselnüsse dazugeben und wenden.

05 Vor dem Servieren die Ananasscheiben mit den Haselnüssen auf Tellern anrichten und mit der Ricotta-Quark-Creme garnieren.

Gewürzbirnen mit Zimt-Quark-Sahne

FÜR 4 PERSONEN

- 100 ml Apfelsaft
- 1 Beutel Glühweingewürz
- 1 Zimtstange
- 4 mittelgroße Birnen
- 200 g Magerquark
- 100 ml Sahne
- 1 TL Zimt

1 Portion (210 g): 185 kcal, 8 g Eiweiß (18 E%), 8 g Fett (41 E%), 19 g Kohlenhydrate (41 E%)

01 Apfelsaft mit dem Glühweingewürz und der Zimtstange in einer Pfanne erhitzen und aufkochen lassen.

02 Birnen schälen, das Kerngehäuse entfernen und längs sechsteln. Die Birnen im Gewürzapfelsaft ca. 1 Minute köcheln lassen. 4 EL Sud beiseitestellen. Anschließend die Birnenspalten mit dem restlichen Gewürzsud in Schälchen füllen.

03 Für die Zimt-Quark-Sahne den Quark mit Sahne, Zimt und 4 EL Gewürzsud glatt rühren.

04 Die Zimt-Quark-Sahne auf die Birnen geben und servieren.

CLEVER & ZEITSPAREND EINKAUFEN:
Sie haben gerade keine Birnen zu Hause? Kein Problem, auch Pflaumen oder Äpfel (z. B. Boskop) eignen sich gut für dieses Dessert, und Sie müssen nicht noch mal extra los und einkaufen gehen.

Impressum

Redaktion: systemed Verlag, Lünen
systemed GmbH, Kastanienstr. 10, 44534 Lünen
Lektorat: Andra Knauer, Karben

Fotografie: Tanja und Harry Bischof, Hoisdorf (Titel)
Studio Reiner Schmitz, München
www.fotolia.com (wo angegeben)

Umschlaggestaltung: Hauptmann & Kompanie Werbeagentur, Zürich
Satz: A flock of sheep, Lübeck
Druck: Druckerei Uhl, Radolfzell
ISBN: 978-3-942772-75-4

1. Auflage

systemed verlag

LOGI® DAS ORIGINAL BEI SYSTEMED